Pour Ilia Molla et Guy Schneegans

Une Surprise pour grand-père

Texte de Jean Molla
Illustrations de Marie-Pierre Schneegans

Éditions Lito

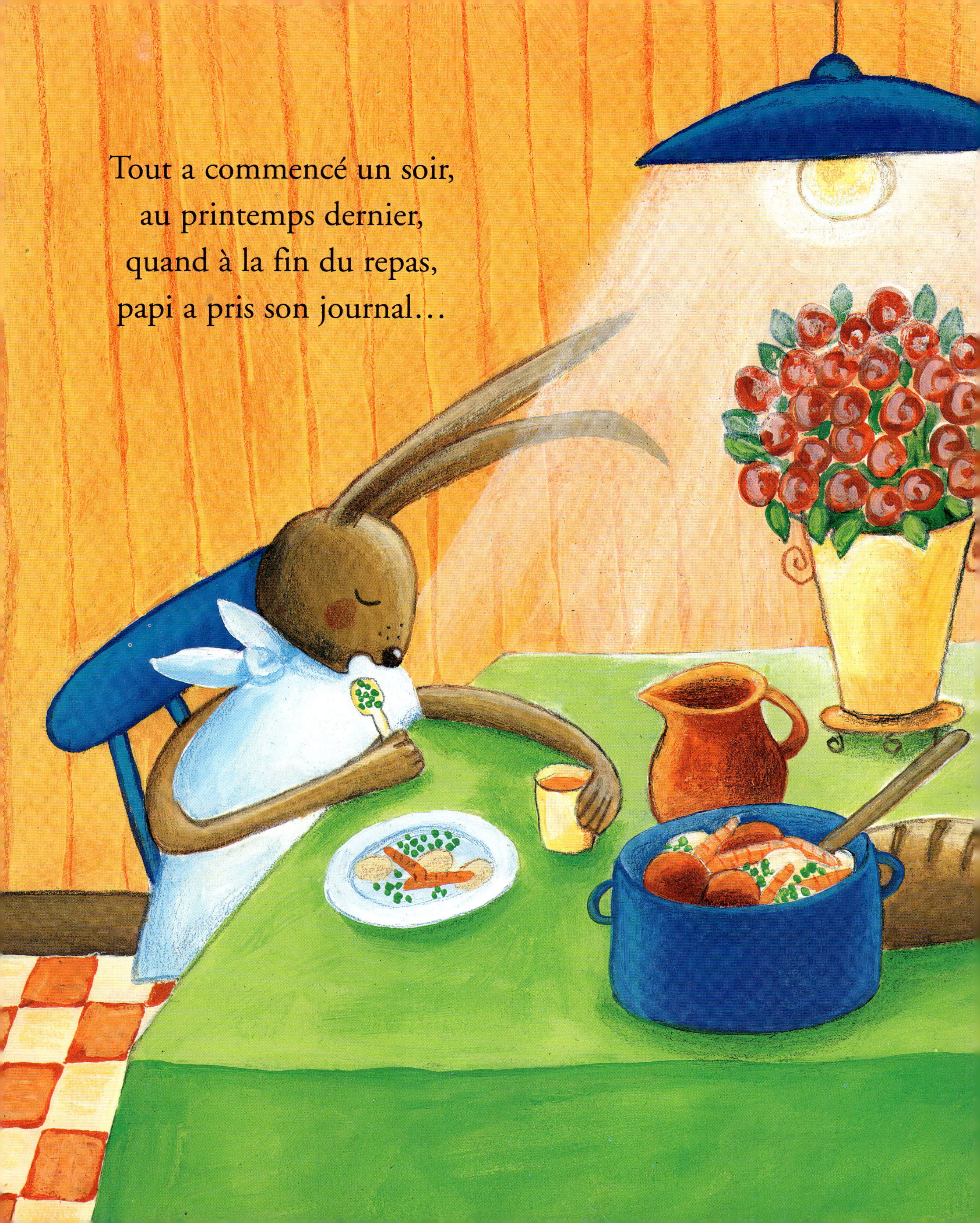

Tout a commencé un soir,
au printemps dernier,
quand à la fin du repas,
papi a pris son journal…

permettaient
d'espèces
compte
mental, des
fleras. Les
férentes
soucis au
du réceptacle,
quatre ouvriers

« Nom d'un chou !

Alexis, mon lapin, viens un peu lire ça ! »

« Ça »,

c'était l'annonce du concours annuel des jardiniers.

Et comme tous les ans, papi est devenu enragé.

Il a couru chercher l'unique graine
de Pissounia Géant qu'un cousin,
lapin voyageur, nous avait envoyée
d'une de ses expéditions lointaines.
Nous l'avons plantée
dans un lit de terreau bien noir
et arrosée d'eau claire.

N'empêche que moi, Pissounia Géant, un nom pareil, ça m'a donné une idée !

Si papi m'avait vu !!!

Le lendemain matin,
papi était si surpris
qu'il a failli renverser
sa tasse de café
dans le pot.

Un bourgeon
d'un beau vert tendre
se dressait au-dessus
du terreau humide.

Ce soir-là,
j'ai à peine écouté l'histoire
que papi me racontait…
Je n'avais qu'une hâte,
qu'il aille se coucher.

Moi,
j'avais ma petite
visite à rendre
au Pissounia.

Et le matin, il n'a su que dire :
« Nom d'un chou ! »
J'ai pensé que vraiment,
j'étais un sacré jardinier.

La nuit venue, papi a décidé de veiller.

« Ce n'est pas normal,
une fleur qui pousse si vite !
Je vais essayer de tirer ça au clair. »

Il s'est installé bien en face du Pissounia
et cinq minutes plus tard…
il dormait comme une marmotte.

Alors, j'ai avancé à pas de loup jusqu'au pot et...
Vous devinez la suite !

Au petit matin, papi
s'est réveillé.
Une feuille chatouillait son nez…
Il a ouvert les yeux,
la tige touchait presque le plafond !
Papi m'a appelé, ahuri,
cette fleur était décidément
extraordinaire.
Mais elle était devenue
trop grande,
elle continuerait de pousser
dans le jardin.

Et c'est ainsi que pour la première fois,
le Pissounia a passé la nuit dehors
sans que j'aie le courage de sortir faire mon petit tour.

Le lendemain matin,
papi était consterné.
Le Pissounia n'avait pas poussé
d'un millimètre.
Papi le voyait déjà se faner
ou même mourir.
Je me suis dépêché de lui dire :
« Tu sais, cette fleur ne se sent bien que
chez nous. Rentrons-la dès maintenant
et tu vas voir ce que tu vas voir ! »

Et les jours ont passé.

Le Pissounia, bien au chaud, dorloté, a pris ses aises dans la maison.

Papi était rassuré.

Moi, je continuais mes petits arrosages en cachette.

Le matin du 5 juin,
nous avons mis nos plus beaux habits
puis nous avons sorti notre fleur.
Le soleil était superbe et le Pissounia
semblait vouloir boire toute sa lumière.

Nous l'avons chargé
dans la brouette
et papi m'a permis
de grimper à côté du pot.
J'étais fier comme un coq.

Et quand tous les candidats se sont mis en place pour le grand choix du jury, papi et moi avons échangé un coup d'œil complice.

C’était gagné !

Tout le monde avait les yeux levés…

Le Pissounia faisait comme un deuxième soleil dans le ciel tout bleu !

Et tout ça… pour un tout petit pipi de lapin.

Mais Chhuuuut !

Ça, c'est mon secret !